ENSAYOS POÉTICOS

Otoniel Rojas

Some poems in this collection were originally written between 1980 and the early 1990s.

This publication represents their second authorized edition.

Segunda edición, 2026

Printed in the United States of America

ISBN 979-8-9960132-1-0

"Sometimes its value may come from what is not said —
perhaps an attempt to discover what is not there."

PRÓLOGO

Estas páginas llevan más de cuarenta años esperando.

Los primeros poemas de esta colección nacieron en los años ochenta, en ese territorio incierto y fértil que se abre entre dos mundos: el que se deja atrás y el que aún no termina de acogerlo a uno. Algunos surgieron en Santo Domingo, entre las aulas del Conservatorio Nacional —un lugar que en el recuerdo sigue siendo casi una casa paterna, el espacio que dio forma y nombre a lo que ya vivía en mí desde mucho antes—. Otros llegaron en Nueva York, durante los años de Brooklyn College y los que vinieron después. Entonces mi vida estaba partida en dos idiomas, dos geografías y dos versiones de mí mismo. La escritura era el único lugar donde esos dos lados intentaban encontrarse.

No escribí estos poemas para publicarlos. Los escribí porque no había otra forma de procesar lo que ocurría: el amor que no hallaba eco, la distancia que convertía a las personas queridas en sueños, el tiempo que avanzaba sin pedir permiso. Escribir era nombrar lo innombrable. En eso, el poema no se diferencia tanto de una nota musical: ambos intentan decir lo que el lenguaje ordinario no alcanza a contener.

Los cinco poemas en inglés merecen una mención aparte. No fueron escritos en Nueva York ni en los pasillos de Brooklyn College, sino en Santo Domingo, antes de la partida, cuando el inglés era todavía un idioma ajeno pero cada vez más presente en el horizonte. Eran las primeras incursiones en una lengua que tendía sus propios puentes — hacia matices que en el español no tenían el mismo nombre. Al llegar a Brooklyn College a finales de 1982, solo confirmé lo que esos poemas ya sabían: que me esperaba una segunda vida, en una segunda lengua. Por eso son, quizá, los más anticipatorios de la colección: escritos desde un lugar hacia otro, desde un idioma hacia el siguiente. No me pareció honesto traducirlos. Son lo que son, y así deben permanecer.

Esta colección se organiza en tres secciones.

Afasias reúne los poemas de la búsqueda, aquellos en los que el lenguaje falla precisamente a quien más lo necesita. El título alude a la afasia en su sentido médico más exacto: la condición en que el pensamiento está completo, pero el puente hacia la palabra se ha roto. Se sabe lo que se quiere decir, se siente con claridad, pero entre el pensamiento y la expresión se abre un abismo. No es ignorancia ni silencio voluntario; es el lenguaje que se niega justo cuando más se le invoca. Estos poemas convierten esa ruptura en metáfora de una experiencia más amplia: la de llevar dentro algo que no encuentra salida, la de buscar palabras para lo que aún no tiene nombre.

Botones y Rosas agrupa los poemas del amor en todas sus formas: el amor entregado, el amor negado, el amor presentido desde lejos que nunca termina de llegar. Lo que se cierra sobre sí mismo y lo que se abre; lo doméstico y lo frágil.

Introspecciones, la sección más extensa, es el espacio donde la mirada se vuelve hacia adentro y descubre, también ahí, todo lo que había afuera.

Esta segunda edición corrige y clarifica lo que la primera no permitió ver con nitidez. Varios poemas encontraron por fin la sección que les correspondía; otros fueron retirados porque el tiempo reveló que no aportaban lo suficiente a la voz del conjunto. Se incorporan, además, estas palabras iniciales y un elemento visual sobrio al comienzo de cada sección: no como adorno, sino como umbral que anuncia un territorio distinto.

Publicar estos poemas ha sido, sobre todo, un acto de fe. No sé con certeza si son buenos. Sé que son honestos. Sé que registran, de manera imperfecta y fragmentaria, una vida vivida entre dos mundos y dos idiomas. Y que ese registro —imperfecto, fragmentario, a veces torpe— tiene al menos el mérito de ser verdadero.

Si en alguna de estas páginas encuentras algo que reconoces como propio — el poema ha encontrado su lector.

These pages have been waiting for over forty years. The poems in this collection were written between 1980 and the early 1990s — some in Santo Domingo, before the journey north; others in New York, during the years that followed. The five poems in English were written first in Santo Domingo, as early attempts to think and feel in a language that was not yet mine but that I sensed would be. They arrived in English before I did. Everything else in this collection is in Spanish, the language of the soul that made it, offered here without translation and without apology.

Otoniel Rojas
Nueva York / Nueva Jersey, 2026

ÍNDICE

I. AFASIAS

BEGINNING 12
BÚSQUEDA 13
CITA DISCRETA 14
CONTRADICCIONES 15
DEGRADACIÓN 16
DESVÍO EQUIVOCADO 17
DISTANCIA 19
ENSAYO NOCTURNO 20
ESPERANZAS DE UN ARRÍTMICO 23
FRUSTRACIÓN 24
IMPRESIONES AL VUELO 25
IMPRESIONES DE VERANO 26
OCLUSIÓN 27
QUIMERAS 28
REGENERACIÓN 29
RESIGNACIÓN 30
SOLAZ 31
SONETO I 32
TIEMPOS MALGASTADOS 33
VARIACIONES 34

II. BOTONES Y ROSAS

ADIÓS, MI VIDA 36
CARTA A UN AMIGO 37
CON AMOR PROFUNDO 39
CUANDO TÚ ME QUIERAS 40

PORQUE 41
DEJAD QUE EL VIENTO SOPLE 42
ME HARÉ DE CUENTA 43
ENSUEÑO 44
MAÑANITAS 45
MI TUMBA FRÍA 46
NO ME PIDAS QUE TE MIRE 48
¿QUÉ ES ESTO? 49
NO SÉ CÓMO DECIRTE 51
OJOS DESCONOCIDOS 54
QUISIERA ESCRIBIR 55
QUIZÁS 56
QUIZÁS NACÍ 58
UN QUIZÁS 60
UNA NOCHE CUALQUIERA 61
UNA NOCHE MÁS 62
UNOS OJOS 63
YO NO SÉ HASTA QUÉ PUNTO 64
YO NO SÉ MIRARTE 65

III. INTROSPECCIONES

...Y SI VOLVIERA 67
AMOR 68
CADA VEZ 69
CÓMO ME DUELEN LOS BESOS 70
¿CÓMO TE EXPLICO? 71
COMPAÑERA 72
CUANDO LA TARDE 74
EL MUNDO 76
EL MUNDO ESTÁ LLENO 78
EVERLASTING 79
FLYING BIRD 80
GENTE 81
HOY 82

IN THE LONELINESS 83
LA NOCHE 86
LA PALABRA 87
LA VIDA PASA 88
LOS LIBROS 90
LOS PENSAMIENTOS 91
MI DESIERTO 92
MI MUNDO 93
NO LLORES 94
NOSTALGIA 96
PURE 97
¿QUÉ ES LA VIDA? 99
QUISIERA DECIR 102
SANGRE 104
TE PERDÍ 105
TÚ Y YO 106
TUS CARTAS 107
YO SOLO QUISE 108

CODA

MAMÁ · *in memoriam* 999
TÚ TAMBIÉN 999
ONE MORE CHANCE 999
TIEMPO 999
LOVE AND ASHES 999
CUANDO 999
A HEART 999
MÁRTIRES 999

I

AFASIAS

BEGINNING

At the dawn,
when darkness vanishes,
and the spirit awakes peacefully
from the depths of the soul,
the dew fills the air with enchantment;

Earth wears her magic cloth, fresh, pure
and new.

Everything looks tender, dreamy,
and the air brings drops of hope,
white, blue and green.

Nothing seems to move;
just quietude and silence are felt,
and a cold breeze makes it feel magical.

Life and time seem to stop in their course
for a while to listen the earth's beauty say:
"a new day is born".

1980

BÚSQUEDA

Yo, que soy actor y espectador del drama humano,
ando buscando un homólogo de mis entrañas
pensantes,
que comprenda su más leve latir,
que resuena como un eco interno chocando en la
concavidad de una existencia hueca.

Busco un sinónimo en el cosmos humano
que haga eco de ese latir interno
y se conjugue con los flujos recónditos de mi mente.
Y es como buscar un oasis en un desierto,
y sentir la desilusión de espejismos;
es como encontrar la vida en la muerte misma, es vivir
sin el tiempo, y hallarlo en la eternidad, sin la vida ni
la muerte.

Es buscar en lo infinito hasta encontrarse uno mismo,
y vivir enclaustrado; luchando en el oleaje constante
de la existencia misma, hasta
chocar en la roca, donde yo mismo soy uno con ella,
y las olas del tránsito humano que hieren al chocar,
se desvanecen ante un fundamento inconmovible.

1980

CITA DISCRETA

Cuando tú naciste
yo estaba durmiendo
en mi alcoba triste.

Sueños entretejiendo,
con mis viejas pinzas
recuerdos surciendo.

Y tú me buscabas
en la noche fría,
recogiendo gravas.

Como un niño con hombría
me mirabas sin llamarme;
buscabas despertar mi carne fría
que dormía, sin levantarme.

1981

CONTRADICCIONES

A veces, cuando miro estrellas, busco
mares sin historia, tierras sin presente
y cielos sin futuro.
Y no tengo miedo de seguir mirando
estrellas en la noche.

Siento frío en verano y calor en
invierno y sigo escarbando los papeles
viejos de mi biblioteca, buscando
aspiraciones, encontrando, solo
decepciones.

Garrapateo en mi memoria y me doy cuenta
que estoy muy lejos para volver a casa y
tengo que tomar un atajo más largo que
el camino a casa.

De vuelta estaré, mañana por la mañana
para seguir mirando estrellas.

1981

DEGRADACIÓN

Lejos del camino seco y árido que sacia
tu sed de vida, y de la escarpada y
quebradiza ruta que aligera y rectifica
tu carga.

En laberintos de humedad de aguas que
seca tu moribundo labio;
en llana y derecha planicie que hace más
pesada y tortuosa tu existencia.

¡Y dices: Sí, más o menos en la ruta!
¡Oh, recuerdo tardío que escucháis al
tiempo en lontananza decir: "Oh nobles
robles que brilláis cual soles en oscura noche"!

Y ahora,
lejos, en las tinieblas de la noche,
y la lluvia cae.
Solo, en la muchedumbre de ignorancias;
y los entes animados, fríos y opacos que deambulan
ciegamente con cerebro, se confunden con tu esencia.

Y yo, en las noches negras, siento en
pesadillas el latir inaudible y
falleciente de luces que se apagan y no
vuelven; de flores que marchitas, se deshacen.

1980

DESVÍO EQUIVOCADO

Observo las gentes que pasan por las calles,
y espero;
Espero ver en ellas puertas abiertas y cuartos llenos de perlas,
de iridio;
Y me quedo esperando sin ver mas que mis propias desiluciones;
Camino, y mi casa que busco no encuentro. Quizás este cerca,
pero no conozco estas calles y quiero cerrar mi ventana
y abrir una puerta en mi casa, lejana talvez;

Corro por las avenidas y sigo esperando
ver una puerta abierta,
pero las ventanas se cierran con mi paso y todo parece cuadrado.

Sin seguir esperando, huyo lejos, tan lejos que mis pies se derriten
y mi carne se hace flaca; huyo hasta que el suelo se hace polvo
y ya no quiere contenerme...

Veo luces a lo lejos, y casas!
Una de esas es la mía, pienso;
Con el corazón en la mano, me lanzo apresurado hacia una casa vieja

que parece tener la puerta abierta;
No hay calles, ni caminos, ni grandes avenidas;
Parece abandonada y se hace mas grande con mi paso
que
no parece alcanzarla.

Pero escuchen, parece que oigo un ruido!
Si estoy tan cerca y se oyen ruidos, es que me esperan,
pienso...

Fue un ruido sordo que las montañas hacen eco.
Pero solo queda un silencio
que jamás había escuchado, y esas luces
ya no están encendidas;
Pero miren! miren hacia la puerta, se ha cerrado...
Entonces..

Veo gentes pasar por las calles y espero...
espero.

1981

DISTANCIA

Roídas, las cuerdas que cruzan nuestros mares,
por el tiempo, que pasa más rápido del otro lado
y se queda rezagado en las horas de mi espera.

Cansadas, mis manos de extenderse por el
viento que llega hasta tu orilla,
y tu espacio me parece infinito.

Yo, en mis estancias, solo veo la distancia congelada,
que borra las huellas de tu presencia,
que surca nuestros límites sin poder llevarme ni
traerte;
nos convierte en sueños.

Eres tan irreal con la distancia que no se si existes;
pero te veo
con los lentes oscuros del recuerdo, que guardo aveces
en mi alcoba;
A veces estan llenos de polvo que no puedo quitar con
el pañuelo,
sin temor de borrar también el vidrio con que apenas
te grabe.

1981

ENSAYO NOCTURNO

Las voces del día ya se habían esfumado
y desaparecido, esparcidas entre escondrijos
y callejones oscuros y vacíos;
algunos pasos se apresuraban perdiéndose en la
distancia de la noche,
que cubria lentamente las estelas.
Solo se oian ecos pasajeros a lo lejos,
resonando en el silencio de la noche y poco a poco
se iban disipando.

Desde una buhardilla se veian pocas luces aún
encendidas
que se iban apagando, dejando sentir la soledad de
las calles ya tranquilas y vacias;
como testigos mudos de la agitación del día,
quedaban, tirados, papeles y quizás uno que otro
envase
lleno de desechos.

Y en la buhardilla la luz aún no se apagaba;
sus paredes estaban llenas de polvo,
que habian acumulado ya por mucho tiempo;
Sus ventanas, entreabiertas; su aspecto
era soñoliento, frente a las otras casitas que parecian
estar ya durmiendo.

Pero allá adentro había alguien cuyo espíritu,

aún despierto, buscaba respirar un poco el aire fresco de la noche;
buscando el alivio que en el día no consigue,
mira hacia afuera donde hace frío, y en la penumbra de tenues rayos que llegan desde lejos, se pone al acecho
—como frente a una inmensa selva de sonidos—
de algunos de esos suaves y arrulladores sonidos que solo
podrian salir de sus escondrijos en las noches quietas como esta, y como todas, cuando los ruidos se alejan con la luz del día.

Y en su mano derecha tenía un papel,
ya un poco amarillento, para atraparlos y guardarlos en su chaleco viejo y raído;
quizás cuando amanezca no se esfumaran con el bullicio que llenaria las calles
y podria gozar un poco mas de su paz, inspiración y encanto.

Los momentos aletargados y vacilantes, pasaban lentamente,
y el miraba las horas saboreando el desvelo nocturno,
que quería apagarse e irse a acostar con el viento frío
que a esas horas sentía en su piel, y le llegaba hasta el sueño.

Pero su espíritu no quería cerrarse;
Aún quería seguir escuchando débilmente a lo lejos,

algún grillo cantar humilde su canción y todos los demás
en un concierto silencioso haciendole coro,
acurrucando a un mundo sin emociones que no sabe percibir su existir
ni sentir su murmullo tierno y apacible,
que llega hasta el corazón.

El comenzo a agitarse un poco en su habitación para despertar
el sueño que iba cerrando sus ojos.
Por la ventana entra una brisa que enjuga las lágrimas de su espíritu
y las adormece; ahora ya no escuchara mas sonidos.

La noche se encargara del resto:
le sabra premiar con el alba, en la aurora, cuando su humilde aporte ya no se perciba.

1981

ESPERANZAS DE UN ARRÍTMICO

Siempre hay un recuerdo en los anales de mi historia,
que sacia mi sed de remembranzas;
siempre una esperanza en deslumbrante gloria
que trae corrientes de aguas mansas.

También tengo cicatrices,
de primaveras no logradas
que son como pequeñas cruces
de tumbas ya olvidadas.

Donde posan mis pies hay suelo,
y mi cabeza se recuesta en el espacio—
espero recibir consuelo cuando a mis plantas,
de sueños sacio.

Hay notas de esperanza en el epitafio de un silencio;
cuando en el alma hay telarañas que atrapen los dictados
de un corazón necio, tu eres el agua que al cerebro bañas.

1980

FRUSTRACIÓN

Cuando los ayeres se esfumaban, me encontré preguntando al tiempo cuándo fue mi aurora; en un barco surcando espacios, buscando mares con cielos y horizontes, persiguiendo olas sin espumas.

Me cansé de mirarme en el espejo que romper no pude.

Mis pensamientos, listos para el abordaje de otra nave, añorando rutas y cristales, solo ven pasar barcazas sin velas y botes de remo; Escuchan tonadas marinas y alzan el vuelo dejándome solo.

Mi espejo de cristal parece cansado de mirarme y ya no puedo irme.

Varados en un puerto lejano, quedaron aquellos que se fueron, como antaño, buscando caminos viejos.

1981

IMPRESIONES AL VUELO

Siento el calor de aguas marinas;
sé cantar gotas verdes y amarillas.
En la lejanía, fulgores se emancipan,
en la tenue melodía, de regiones etéreas
del espíritu, de ésteres entronizados del alma.

En las noches de nácar opaco,
de olor negro y sabor gris,
se ven rostros fugaces,
en la lentitud de una mirada;
ando con la prisa en el bolsillo.

Vibraciones de flujos estoicos perecen;
somos negros nubarrones sin lluvia,
bajo un horizonte sin cielo.

Y todo entre burbujas, en la espesa
bruma azul de pulsares cerebrales,
surge.

En el devenir constante:
espumoso oleaje de vislumbres y
añoranzas.

1980

IMPRESIONES DE VERANO

Calor de verano, que quemas la hierba y
secas las fuentes que riegan el campo;
Quisiera inventarte fresco, pintarte en
lienzos verduzcos de olor a grama,
jugueteando con la brisa que corre rauda
por la campiña húmeda y silvestre.

En las noches de tu estancia, las velas
no se apagan con tu aliento, y brillan
las estrellas lentamente.
Si mi verso te alcanzara en la colina,
primavera serías.

Tus vientos chamuscados me traen el
aroma tierno; los recuerdos de mi
infancia, que como leños, quemados por
el tiempo, tienen el olor lejano de una
fogata que se extingue y se esparce por
los aires.

Y siento nostalgia de campos floridos
que nunca existieron;
de casas añejas y rancias moradas que
nunca me dieron albergue.

1981

OCLUSIÓN

Es cual mina de soles no explotada,
encubierta por rocosas montañas
cerebrales, que aún dejáis al mundo a
oscuras.

— No son vuestras tus riquezas,
es un "todo" fosilizado,
es pensamiento agarrotado en el éter de
la mente, es luz bajo sombras de muerte,
es nota aprisionada en un silencio.

¡Oh, libertad encadenada bajo las
cuerdas celulares de tu carne!
.. sois vastos océanos enclaustrados,
sois la inmensidad del cosmos
recluido, queriendo derramarse por el
frágil vaso de una pluma para plasmarse
en la endeble fibra de un papel.

1980

QUIMERAS

Si mi vida fuera un pensamiento,
si tan solo una palabra,
cuando el tiempo se me escurre entre los dedos,
y el sueño que me espera a la vuelta de la esquina,
me llama sereno.

¡Oh si las musas no me dejaran plantado!
¡Oh, si tus olas se bañaran en las mías!
y si la monotonía que siempre ha abrumado
a la humanidad, no existiera!

Que el viento borre las huellas de los ayes de mi espera,
que duerme en la esfera.
Y si mi llanto se cansaré, muletas no tendría mi alma.

¡Oh si el movimiento de mis venas se parase a descansar
en la armonía eterna, y durmiera sereno
en el silencio de una vida!

1980

REGENERACIÓN

Visa, fugaz, que extirpas cada célula
del tiempo con tu paso, desde que surges
en un día aciago, precipitándote por el
vaso gris de la existencia.

Dale oh muerte tu paz de tranquilas
aguas serenas (tu blancura, tu humildad
y tu pureza), y muera oh vida tu
aguijón, y entonces fluya en lo
recóndito del alma vida eterna.

1980

RESIGNACIÓN

En una noche sin sol y en un día sin luna,
en un ayer sin mañana,
te encontré en un lugar sin sitio;
y de ti solo conocí tu indiferencia,
de la cual fui buen amigo.

Fue en la penumbra,
cuando una tenue luz ciñe los albores celestes
empañados por el tiempo;
Y tu indiferencia era como un leño suave
que quemaba los bagazos de mi mente abstracta.

Quedamente entonces, el silencio llenó mi mente,
entrando por la puerta del olvido,
para quedar una existencia que se depone dócilmente
y se resigna en las manos celestes del tiempo.

1980

SOLAZ

Quiero transitar tus calles, verdes y tranquilas; En una tarde gris y serena, caminar tu recta senda quiero.

Al ocaso que se pierde en la blancura de tus calles llenas de esperanza, o al sol que calienta tus noches frías.

Esto lo contemplo bajo el manto más oscuro, que se desvanece al más tenue reflejo de tus calles vespertinas.

1980

SONETO I

Primavera, pintarte quiero con senderos eternos,
de paz llenos los nidos que atesoran tus sanos cantos
y así ver a mis versos jugar en la grama serenos,
al pie de montañas y valles, en sembrados de pastos.

En blancos telares fijaré tu mañana de seda,
y el sol rascará tu espalda con sus rayos mojados.
En tu noche, que se extiende como una negra tela,
tus tiempos, por rayos opacos de luna bañados.

Tú que has tocado mi piel con tu mano verde y fría,
por cuánto tiempo he esperado tus noches y tus días,
para ver tu luz perlina y tu manto claroscuro.

Veo en tus cielos, azules espumas reflejando mares,
y tus aguas durmientes suenan con flujos estelares,
yo con mi débil pluma, pintarte, en vano procuro.

1981

TIEMPOS MALGASTADOS

Las nubes se ocultan tras el horizonte
gris, y los días siguen pasando grises;
son migajas de tiempo que mendigamos a
diario y no nos alcanza más que para
morirnos de tiempo.

Ese reloj que tenemos en la muñeca del
alma nos mata, y no sabemos qué hora
será, ni qué hora fue, ni qué hora es,
cuando su corazón de ritmos cortos y
apagados, en una caja vacía de
herramientas y tornillos muertos, en el
espacio de un segundo deje
de latir para siempre, sin decirnos el
porqué de su existir: Es afasia del
tiempo que nos deja en las ciudades de
horas muertas, en el bullicio de otra
noche que pasa

y no se siente ni se vive entre las
calles oscuras del alma, llena de luces
y letreros artificiales, sin vida.

Como cartuchos vacíos adornados con
papeles de desecho de sus calles y
ciudades.

1981

VARIACIONES

Barreras del tiempo, que estorbáis mis pasos; cuánto miden vuestras horas, que no dejan espacio y me llevan tras las rejas.

Barreras, no dejáis espacio ni aún para mis pasos que en la noche eterna de tus horas negras, me dejáis a solas con el velo puesto.

El silencio me acompaña y me consuela con ruidos lejanos de voces y carros acercándose, que se pierden en el silencio de una noche fresca.

Clamo con mi voz encerrada y quisiera escuchar una respuesta, pero son solo ilusiones.

Espero con mis ojos lánguidos, y en un susurro pido perdón para mis sueños.

1981

II

BOTONES Y ROSAS

ADIÓS, MI VIDA

Adiós, mi vida, yo seré un peregrino; En
el eterno silencio cruzaré el desierto y
quedaré sin agua; Y en la noche moriré
de frío, porque nunca aprenderé a luchar
por lo que quiero, Y yo mi vida, te
quiero tanto que no puedo borrarte.
¡Cuántas veces he tratado de olvidarte!,
pero si algo bello hay dentro de mí,
eres tú vida mía en mi corazón.

Cuando otros labios beban de tu agua, Yo
estaré muriendo con mis labios secos;
Porque no querré beber otra agua que no
sea la tuya. ¡Cómo quisiera olvidarte,
cómo quisiera no quererte tanto, mi
vida, mi sueño, mi sueño imposible.

1984

CARTA A UN AMIGO

Cómo estás es lo primero
antes de empezar mi carta
que a decir verdad espero
llegué antes de que partes.

La verdad es que no hay mucho
de que hablar que no compartas
y es por lo que siento mucho
acortar esta mi carta.

Para divertirme un rato
escogí escribirte en verso
y si soportas mi trato
tráeme siquiera un scherzo.

Fui al Mozart hace días
y encontré sin mucho estudio
a ocho manos y dos pianos
de Rachmaninoff un preludio.

Eso me alegró bastante
pues como tú bien sabes
eso aquí no es abundante...
¿y de Kennedy, qué sabes?

Aún estoy con mi problema
más, razón no he de pedirte
aunque también hay otro tema
del cual no puedo escribirte.

He pensado algunas veces
que aquí ya seguir no puedo
que si juntara unos pesos
iría a New York a vivir.

Está bueno por ahora
que quiero aquí concluir
porque creo que ya es hora
de hacerme así despedir.

1982

CON AMOR PROFUNDO

Con amor profundo
cada día certero
con afán rotundo
más y más te quiero.

Fuerte como el viento,
suave cual la aurora,
el amor que siento
en mi pecho mora.

Sin saber que sientes
ondea silente
cada vez más fuerte,
sin saber su suerte.

Oh cómo te extraño
con mi amor esclavo,
y a gritos exclamo:
--- te amo.

1982

CUANDO TÚ ME QUIERAS

Cuando tú me quieras, yo estaré soñando
que tú no me quieres. Te estaré
olvidando, al cielo rogando que te siga
amando alguien que sea bueno y que tú lo
quieras. Me estarás buscando sin hallar
descanso. Yo estaré pensando morirme de
frío y al pasar la noche, soñaré
contigo, convencido, que dulce y sin
igual, cual tú no hay otra.

Cuando nos amemos, estaré pensando que
solo es un sueño, un sueño tranquilo.

1984

PORQUE

¿Por qué, mujer,
de tantos calvarios llenaste mi alma?

Buscando consuelo, extendí mis brazos
sedientos-y me alejaste sin pena ni
remordimiento.

Me condenaste, sin causa,
al desierto árido y seco
de tus palabras vacías.

c. 1990

DEJAD QUE EL VIENTO SOPLE

Dejad que el viento sople con su furia
recia los porticos de mi iglesia.
Que se burlen los turpiales, que se
rompan mis cristales, que no cante la
mañana, que no ria con su risa de niño.

Dejad que esconda su mirada la mujer que
amo y que muera el beso en su corazón
lejano.

Que se duerman los sentidos y yo ajeno a
mis prisiones siga el rumbo que han
trazado tus rejas.

1988

ME HARÉ DE CUENTA

Me haré de cuenta que te fuiste,
sin conocerme no estuviste;
y en mi mundo solo y triste
me dejas con sed de verte.

Tendré ansias de tenerte,
tendré miedo de perderte
sin que veas lo que hiciste;
tú, a mi corazón heriste.

Yo sufriré al recordarte;
vano me fue entenderte
y mi amor no tuvo suerte;
Yo que quise conquistarte
no me cansaré de amarte,
porque nunca he de olvidarte.

1982

ENSUEÑO

El águila remonta su vuelo.
El río con sus aguas corre sereno.
El sol pintando el manto celeste con
colores suaves.

Los campos vestidos de verde susurran
con el viento que acaricia sus hojas
frágiles.

La tarde, la noche y la mañana se turnan
para lucir sus trajes de lana de seda y
de lino.

¡Ojos cansados que descansan en el
sueño que reposa el alma! !.

¡Cabellos de nieve, borrachos de
tiempo y muriendo de frío!

1988

MAÑANITAS

Mañanitas de leche y frescura inocente.
Mañanitas de cristal y campanas repicando.
Mañanitas verdes de sonrisas y buenos días.
Mañanitas de panes frescos y gallos cantando.
Mañanitas de marchantes y de gente sencilla.

Mañanitas de trenes y horarios.
Mañanitas de rostros áridos y pasos apurados.
Mañanitas de muchedumbre y miradas vacías.
Mañanitas de negocios y escuelas embotadas.
Mañanitas de anuncios y letreros hipócritas.
Mañanitas de locos y gente indiferente.

1988

MI TUMBA FRÍA

Mi tumba fría, frente al mar de todos olvidada estás.
De salitre cubiertas, tus paredes lloran con las olas y el viento, nuestra vieja historia muerta.
¿Por qué conservas sobre musgos nuestras esperanzas muertas?... Dudo a veces; ¿Aún merece nuestra tierra que dejes de ser tumba?... Yo me uno a tu llanto, mi tumba fría, la de nosotros que enterramos nuestras mentes en tu seno frío, y sentimos aletargarse el alma. Y nos preguntamos por qué hemos sido siempre ruinas.

Ya el tiempo corre dejando tu epitafio ante el silencio sepulcral de tu escenario... y aún así son pocos los que han venido a consolarte; ¡y oh, qué solos se quedan tus vivos, los que se atrevieron a revivirte en el pasado y en el presente! Pocos fueron los que en vano trataron de comprenderte. Otros, como gaviotas, hacia el mar lejano alzaron el vuelo, lejos de este cementerio.

¿Quién te dio que nacieras en una tierra
inhóspita que te dio la espalda, la
tierra nuestra?

¡Oh tumba, qué frías tus manos que tocan
mi carne! En ti enterré mis ilusiones,
y ahora ¿no ves que muero?...
No quiero irme a descansar en tus
ataúdes llenos de silencio. Mas aún
siento el calor de otras manos que son
como las que sueño para ti....
Pero ven, dime tumba fría, cuándo,
¿cuándo dejarás de ser tumba?

1982

NO ME PIDAS QUE TE MIRE

No me pidas que te mire y te busqué con mi mente; No me busques con tus ojos ni te acerques a mi frente. Aunque tenga sed de verte y sentirte frente a frente.

Yo no quiero enamorarme de tu mágica mirada, tu voz de dulce ensueño, tu belleza, tu encanto. No me dejes que termine de escribir este poema; Tengo miedo al describirte que en el fondo de mi alma el amor se anide ferozmente.

Tengo miedo que tus olas se bañen en las mías; Miedo a que me dejes solo y en la tumba del olvido tener que enterrar tu imagen.

RORP.

¿QUÉ ES ESTO?

Que es esto que se mueve en
nuestro corazón y nos hiere; que es esto
que nos cambia cuando un amor nos parece
imposible?. Es una fuerza invicible, Y
yo la siento en mi pecho latiendo
invencible y te busca en un sueño
imposible.

Aunque nunca te he tenido, no se porque
siento perderte. Sin poder olvidarte
quedara en mi corazón tu sonrisa de
ángel. Si tan solo supieras que te
quiero seria un poco mas feliz aunque tu
no quisieras a mi amor responder. Solo
aquel que tu corazón conquiste merecera
tu amor. Cuanto quisiera saber como se
siente ser amado. Y en ti deposite esa
esperanza que muere ahora de desilucion.
Con que armas iré a conquistarte, si mis
palabras tienen miedo de ser derrotadas
al no ser escuchadas.

Yo seguire solo, y mi castigo si no
salgo a conquistarte sera que nunca
podre olvidarte. Y cuando mire otros
ojos no seran como los tuyos y cuando
escuche otros labios no hablaran como

los tuyos y tu nunca sabras cuanto me duele perderte. Pensare que solo he tenido sueños y que de todos tu fuiste el mas hermoso, el que mas me duele pensar que solo fue un sueño, el que mas ame, el que mas sone.
En mi mente te enterrare en la tumba mas grande. Porque fui sensible a tu voz y a tu forma de ser; yo seré un esclavo sin dueño y tu una duena sin esclavo.
No me cansaré de amarte. Sin tenerte he de recordarte cuando vea cementerios donde se dice adiós a los amados perdidos, y cuando recuerde la música que para mis oidos fueron tus palabras.

Le pedire a la vida que me haga olvidarte. Si el tiempo me llevara hacia atrás le pediria que no me dejara conocerte. Pero se que siempre estaras presente y sabre que eres para mi.

c. 1983

NO SÉ CÓMO DECIRTE

No se como decirte cuando mis palabras al verte, huyen y se esconden tras paredes de ideas frias; No se como mirarte cuando todo en mi mente se escabuye y vuela. En vano intento buscar lo que decirte quiero. Solitario, con mis silencios quedo, cuando veo anotada en mi horario la incertidumbre de tu mirada lozana, de tu sonrisa lontana. No se como decirte cuando pasa el verano e indiferentes, pisamos las hojas secas de otoño caidas; Mientras busco comprenderte mas allá de tus palabras, mas allá de tus silencios...Las horas se cansan de nacer bajo mi sombra fría, sin saber si percibes lo que mis dedos te preguntan al tocarte, lo que mis ojos, al mirar los tuyos, quieren decirte...Tus momentos de presencia se hacen cortos; Yo quisiera congelar el tiempo de tu estancia porque siento miedo de ver tu imagen perderse en la distancia...!como espero que pase el tiempo que me separa de volver a verte!...¡Cuan corto parete nuestro encuentro!...En los umbrales del camino

en que te conoci, me congelo tu mirada y
mis labios callaron, enmudecieron ante
tu existencia...
Donde pudo Dios poner mas elegancia que
en el fino cofre de tu ser entero?...
Que misterio este que siento miedo:
Miedo de conocerte y enfrentar tus
realidades. Miedo a que me dejes solo
con tus silencios; Miedo a que nuestros
rumbos se bifurquen y mi esperanza
muera, y yo pierda tus pasos que dejan
estas huellas sin saberlo; Huellas que
no querre jamás borrar...
!Como podre arrancar las paginas de mi
historia que no coincidan con las
tuyas?!...Yo no puedo cayar esto que mis
labios se niegan a decirte y aún mi
pluma no puede escribirte. Yo no podria
describirte aunque pusiera en palabras lo que quisiera
decirte, que eres:
incomparable, tu voz remoza mi aliento.
sabia; tu mente, tierno tu corazón,
audaz es tu mano que aspira triunfante,
motivo incesante
dulce, poesía inagotable
amiga, de sonidos preciados
robusta, seguir adelante.
de mis cerradas habitaciones llave...
Perdona si al verte tiembla mi pulso y

mi sangre se pierde entre aulas;
Perdona, si con desilucion a mis
palabras espero; Es que no se...no se
como decirte que te quiero.

1982

OJOS DESCONOCIDOS

Ojos desconocidos que he visto tantas veces, hasta en mis sueños dormidos; Olvidaros no se atreve el alma mía.

Mirarlos, solo por un tiempo breve ha encendido una llama y mi corazón sucumbe.

Tú, dueña de esos ojos y de mi imaginación, aunque lejos tu corazón de ser mío, veo tus ojos y sin más, te siento mía cuando llena de misterio tu mirada cristalina se encuentra con la mía.

1982

QUISIERA ESCRIBIR

Quisiera escribir lo que ansío
decirte y no puede salir de mis labios
cerrados; y aún aquí tengo miedo que el
viento se lleve mis palabras de tu oído.

¿Sabes?....

conozco una muchacha que no sé
describirte, la más hermosa de todas las
que he visto; de cabellos negros y ojos
negros, de mirada franca y sonrisa de
ángel.

Yo la quiero y ella no lo sabe, pero sé
que tú la conoces muy bien, hasta la ves
todos los días estoy seguro;
Pues la ves cada vez que miras al
espejo.

¿Ya sabes de quién se trata?....... ?.......

En efecto, , es muy cierto a ti te
quiero.

c. 1983

QUIZÁS

Quizás fue un error conocerte, mirarte,
amarte; Mimar en mis sienes esta idea
tonta: que torpes, mis palabras rotas se
arrastrarán a alcanzar tu orilla,
divagando, escarpando, temblando;
estaban soñando crecer en tu huerta y
quedaron llorando al llegar a tu puerta.
No supieron tocarte, lo sé; esperando
quedaron; muriendo tal vez. Tú borrarás
mi nombre como el viento arranca las
hojas secas cuando el tiempo marque mis
horas negras y todo en mí quede
desierto. Pero tú creciste tanto en mi
huerto que no podrá arrancarte el
temporal más fuerte. Cuando todos sepan
que esta fue mi suerte, estaré esperando
que alguien me diga: tan solo fue un
sueño; es que es tan duro de esta
realidad ser dueño. Tú seguirás tu
camino y yo el mío; Tú irás tras grandes
nombres, no pequeños como el mío. Yo con
indeciso paso, no sabré lo que seguir
ansío: Nombre no habrá en mi senda tan
grande como el tuyo; Pero....sentiré tu
frío congelar mi arrullo, miraré el
vacío que al borrar tu nombre vagará en

mi mente y estaré esperando vehemente,
que alguien me diga : solo fue un sueño
demente, solo fue un sueño sin suerte;
Mas la verdad sola y sincera estará en
mi silente: olvidarte, solo podré con mi
muerte.

1982

QUIZÁS NACÍ

Quizás nací en una fecha equivocada para ti; perdóname si tuve la culpa; es que no pude evitar que tus ojos se quedaran en mi alma encendiendo este fuego que consume mi espíritu.

Tú me venciste sin quererlo y aquí me tienes esclavo; ¡cómo quisieras que fueras mi dueña!

Sin embargo eres, quizás, demasiado mujer para mí y mis palabras son para ti palabras de niño; Pero comprende que todos llevamos un niño dentro del alma que a veces queremos matar; Y ese niño representa lo sencillo, lo franco y sincero, lo simple y lo único bueno que hay en nosotros- Lo puro, lo noble y también lo inocente; Y a veces nos avergonzamos de tener sueños, de jugar y reír, porque para nosotros "la vida es seria y complicada y está llena de problemas", y con eso matamos el niño que somos y nos convertimos en el típico "adulto"- insensibles personas, meros "imitadores de la sociedad".

Quizás no sé nacer en tu corazón de

piedra; es que no sé mirarte sin que
tiemble mi alma y mi voz enmudezca;
"Y sin poder conocerte" conocí tu
indiferencia de la que fui buen amigo.

UN QUIZÁS

Un quizás, una espera,
y el latir creciente de un adiós forzado.

Un dolor, una quimera
y la nostalgia de volver a ser amado.

Un jamás, un suspiro
y el corazón se quiebra en llanto inconsolable.

Una canción, un poema,
y el alma busca desesperada volver a casa.

1988

UNA NOCHE CUALQUIERA

Fue una noche cualquiera, de esas que
pasan sin ruido, cuando te conocí; y las
estrellas brillaron en mi cielo
intensamente sin darme cuenta.

....Fue otra noche cualquiera, de las
que pasan tranquilas, serenas, cuando te
olvidé y el invierno congeló todas mis
células sin darme cuenta.

Mas, esta noche he vuelto a recordarte
cuando el frío me llega hasta los huesos
Y me doy cuenta que soy nada sin ti; Y
mi silencio no es más que un grito que
sale del alma y se esconde en una mirada
sencilla y franca: es una lágrima del
corazón que brota sin ser enjugada.

RORP.

UNA NOCHE MÁS

.....Una noche más......y estaré
y estaré pintandote en un cielo lleno de
sueños blancos; Y mis ojos te estarán
mirando llenos de esperanza.

......Otra noche más; y estaré
escuchando la lluvia cayendo del cielo
nublado; Y mis ojos te estarán mirando
llenos de desesperanza....

Tú y yo, como cielo y tierra,
solo nos unimos en el horizonte
que nunca llega.

Tú eres mar y sol de mi vida;
Mar de mis desiertos, sol de mis noches
frías;

No me dejes sin agua, que de sed muero;
Sin calor, porque de frío.

1983

UNOS OJOS

Unos ojos que me miren en silencio sin
preguntar por qué; Unas manos que se unan
con las mías en eterna compañía; Unos
labios que me hablen tiernamente, con
hermosas melodías; Unos brazos que se
extiendan y me arrullen como a un niño;
Un amor que no me olvide, eso busco yo.

Yo quiero mirarte para siempre con una
mirada franca; Quiero darte mis manos
para sostén y apoyo, y decirte con mis
labios lo mucho que te amo; Ofrecerte
mis brazos abiertos y protegerte del
frío; Yo quisiera amarte hasta lo eterno
para que nunca tú me olvides.

1983

YO NO SÉ HASTA QUÉ PUNTO

Yo no sé hasta qué punto
siento en mi alma tu mirada;
solo sé que traspasa
a mi corazón entero.

Yo no sé qué tan profundas
son tus huellas en mi arena;
solo sé que yo su rastro
no podré jamás borrar.

Yo no sé qué me dirás
cuando te diga: te quiero,
Y mi alma sienta miedo;
Yo no sé si sufriré;
solo una cosa sé
---, yo a ti te quiero.

1983

YO NO SÉ MIRARTE

Yo no sé mirarte
sin que tiemble mi alma
Y mi voz se quiebre.
perdona....es que así te quiero.

No sé olvidarte
sin que sienta el miedo
de perder tu nombre
perdona.....es que así te quiero.

Otros ojos mirarán
tu belleza sin igual,
y hablarán de amor;
Y quizás corresponderán.
pero alguien que más que yo te quiero,
estoy seguro que jamás encontrarás.

1982

III

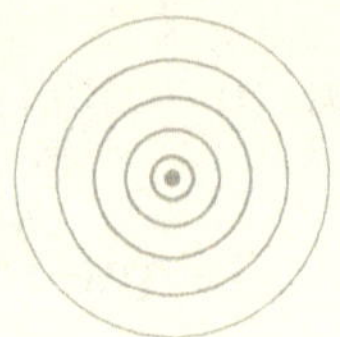

INTROSPECCIONES

...Y SI VOLVIERA

......Y si volviera el amor de aquellos
días-
cuando se sonrojaban mis mejillas y al
corazón redoblaba sus latidos en
vísperas de tu encuentro;

.....Y si volvieran las noches- de
estrellas solitarias titilando y de
poemas dando serenatas a tu acróstico- y
tu nombre, en mi cuerpo acústico,
adquiriendo resonancias.

..........¡Oh si volvieran..........si
volvieran los sueños...!

c. 1990

AMOR

Amor que en cada hombre vas dejando
un desierto;
a los poetas, de versos dejas sedientos;
a los labios, de palabras dejas
estériles;
y a mi corazón ingenuo de espinas dejas
lleno.

Mujer, que de poesía llenas las plumas;
a los ojos das el desafío de pintarte en
las pupilas; a la razón, en cárcel de
magia encierras;
y a mi corazón frágil, confuso en tu
misterio dejas.

c. 1990

CADA VEZ

Cada vez que puse la mirada en tu figura
no encontré argumentos con que resistir
tu corriente; No encontré vestigios de
mis naufragios que inmunizaran mi
corazón abyecto.

Tu ósculo danzaba y dormía en mis
pupilas cuando tu mirada, a mis ojos
servía de regazo. Y sentí melancolías
cuando en tu boca dibujaste los sutiles
adioses; Los que despidieron a mis
esperanzas; Los que con palabras
febriles leyeron sin suerte sus ironías;
Los que me dieron el pésame incierto;
Los que se ahogaron en mis gritos
silentes de esperas y entregas.
Enhiestos, los versos murieron mártires
de visiones fugitivas y tiempos
furtivos.

1992

CÓMO ME DUELEN LOS BESOS

Como me duelen los besos,
aquellos que no te di;
los que guarde en mi cofre de sangre
para entregarlos luego.

Como me duelen los besos
que sembré en mis entrañas
esperando tus lluvias
y la cosecha frágil.

Como me duelen los besos
secos que como semillas
que guarde en el olvido;
sin vida ni muerte, solos en el desierto,
en el letargo eterno de tus cardos y espinas;
—Allí donde ya no existo—,
en tu corazón vacío y frío.

1991

¿CÓMO TE EXPLICO?

¿Cómo te explico? No es que te quiera
con el amor inventado y acrobático de
fiebres agónicas, el amor de ojos
brotados que el corazón mozo compone con
feroz y cándida imaginación.

No es que no te quiera ni te vea en mis
sueños. Pero estoy cansado de verte allí
sin que comprendas que quiero amarte sin
acrobacias ni heroísmos inútiles.
Perdóname si he olvidado las flores y el
perfume y decir que me ha tocado Cupido.
¿Cómo te explico?, lo inexplicable,
que en mis versos hay capullos que tus
miradas a veces abren.

1992

COMPAÑERA

(1)

Compañera, te he buscado por todas partes; He gritado tu nombre en las plazas y en las calles. Te he llamado por mil nombres, en barrios pobres y en ciudades prósperas.

Me he cansado de esperarte en los desfiles, carroza por carroza trayendo solo decepciones.

Subí la montaña. Grité, y se burló el eco.

! Cuantas veces en las noches mas hermosas, para ti recogí rosas, y en la playa escribí nombres que se ahogaron en las olas!...

(2)

Los pensamientos se multiplican cuando las palabras mueren en la soledad del silencio.

El silencio adormece el corazón, la soledad embota el sentimiento. Pero tú, compañera, eres el aceite de mi inspiración. Creer en ti es creer en la belleza; Buscarte es como un juego de niños.

c. 1990

CUANDO LA TARDE

Cuando la tarde se disuelve
lentamente en el ropaje vespertino y la
noche va llenando el azul del cielo con
estrellas lejanas, y descubriendo la
inmensidad del espacio abierto.

Pasmados, nuestros ojos admiran
incrédulos la serenidad y la grandeza
que nos rodean. Mirando al cielo vemos
aviones como puntos cruzando el infinito
teniendo al universo de techo. Mirando
ese techo insondable que alberga a la
humanidad nos sorprende de repente un
dolor extraño y olvidado que regresa
cuando al bajar la mirada contemplamos a
un mundo de gentes que nunca han alzado
sus ojos para sentirse hermanos.

Cuando miramos nuestros hermanos,
intentando entenderlos, nos asalta el
dolor sordo y penetrante de una mirada
de odio y desprecio, de unas palabras
rudas y toscas, de una herida asesina,
de una guerra y de una locura morbosa.

La gracia, la belleza y la inocencia
mezcladas en el barro horrorizan el alma
Y quisiéramos gritar un por qué al
espacio o bañar al mundo en lágrimas.

1991

EL MUNDO

El mundo está lleno de niños grandes,
niños que creen saberlo todo
porque tienen barbas, bigotes o arrugas en la piel.

Vedlos jugar y reñir unos con otros,
con sus cigarros en la mano,
borrachos de tiempos y recuerdos-
viviendo la fantasía de ser "grandes".

Miradlos con sus bombas y metrallas,
con sus juguetes de guerra
o corriendo por las calles buscando golosinas para el alma.

Seguidlos sin descanso hasta que cansados
los cuerpos se detengan.

Miradles entonces en los ojos y veráis
que no han cambiado.

El hombre quiere jugar a ser "grande"
sin saber que nunca se es "niño",
que nunca se es "hombre",
que solo se es o no es,
se cree o no se cree,
se ríe o no se ríe, se juega o no se juega,
se ama o no se ama,
se vive o no se vive.

Y al final, todo depende
de lo que creas para mirar al mundo y a ti mismo.

1990

EL MUNDO ESTÁ LLENO

El mundo está lleno de aeropuertos
inocentes.

Cada corazón, una isla.

A veces, cuando se abren caminos,
cuando se derrumban fronteras,
dejamos de tener máscaras
y descubrimos que somos niños.

¡Vida, que extirpas las células
del tiempo con tu paso: A los libros
dejas de porqués llenos,
al instinto predicas de Dios,
Y a mi corazón involuntario dejas
palpitando.....

c. 1990

EVERLASTING

'Everlasting hope of rest
for my weary soul,
always shining in the west
when the sun has gone!

Watch the darkness of the night
ever-surrounding
and the shining stars on high
always-abiding.

Sweet songs of old
never-returning,
but deep in our hearts so cold
ever-remaining.

' everlasting hope of rest
for my weary soul,
always shining in the west
when the sun has gone !.

FLYING BIRD

Flying bird, don't go away. Let me fly
with you to the unknown places of the
sky. Teach me how to use the wings of my
imagination to keep my spirit higher
than the fog of the cities; and look to
the endless space where our thoughts fly
mediocrity-free.

Show me the open sky, flying bird of my
hope. Please don't fly away. Take me
with you, bound to the pure and noble,
Simple and humble, quiet and peaceful
that my soul thirsts the most.

I want to write to the open space that
sets no limit to our thoughts; to the
one above the spheres, beyond our
science and understanding.

Flying bird, teach us how to fight
against the gravity of our selfishness.
Our human weakness we carry; let them
not go farther; Let our hope fly
gravity-free.

1982

GENTE

Gente, cosas que vuelan con el
tiempo. Polvo de la tierra que en la
ciudad no cambia. Libertad y conciencia
de ser iguales no importan
circunstancias. El polvo es polvo en las
ciudades y en el campo; el oro es oro en
los bancos y en las minas. Los humanos
estrechando más el mundo, separando
polvo de polvo con palabras de
tradiciones. Haciendo un mundo estrecho
donde no se conocen las necesidades de
los otros y donde el derecho a
equivocarse no lo poseen los demás. Mas
la vida fluye serena, inocente y fértil,
dándose a todos. Porque somos todos
iguales, en la ciudad o en el campo;
somos todos humanos con derecho a la
justicia y a la libertad.
Libre humanidad, se niegan libertad unos
a otros.

1982

HOY

Hoy, como ayer, he sentido hambre de respuestas.
Ayer, por las cosas no vividas,
hoy por las que he vivido.
Ayer con esperanzas, hoy con nostalgias.
Ayer con ignorancias, hoy con razones.
Ayer con ilusiones, hoy con decepciones.
Ayer busqué un hombre, hoy encontré un niño.

Ayer, la confianza del hombre futuro,
hoy, el miedo del niño presente.
Ayer, la inocencia de no haber conocido.
Hoy, la indiferencia cauterizante de un insensible
escepticismo.

1990s

IN THE LONELINESS

In the loneliness of these days,
when I feel something
is in my heart— something I cannot
explain, just feel— How sweet it is for
me to remember you and to think on you;
when I feel time flying away and taking
me to unknown places where life seems so
strange to live. Cold faces flashing
along is all you can find— never mind if
you don't get a handshake. It is better
than to be deceived by someone's look.
Friends?.... where are they ?.
It is then so wonderful to have you as
my friend, my true friend, the absolute

Sharing our every thought and intention
with someone whom we can trust. This is
what my soul desires most and that is my
spirit's thirst.
It's really heavy to live by ourselves
with our minds closed and sealed.
We cannot express anything nor feel
anything; We are like robots. The lord
will help me, I know. He will understand
everything that is in my heart.
You will not leave me alone oh God. My
strength will come from you God, my only

friend. Thank you lord and give me more faith.

My soul in the wilderness of this world. All is darkness around, and I feel the vibrations of loneliness surrounding my hopes, my feelings, my spirit.
"Lonely-looking nights "; oh
lonely-becoming heart in the
dark-passing days.
....Begging to be understood by someone in the endless roads of life; powerless to struggle with the strong; hopeless to have someone to share love with.

My friend you are. You are friend of friends. I'll rest my trust in you. You have all the answers to the world's problems. You have the keys for every human heart. You'll help the helpless, you'll be my helper, my friend Oh God, be with me, please abide with me and I wont be lonely anymore. You will keep me away from evil things and you will understand my heart. To you will I give my love.

I'd like to write the things that are in
my heart, but I can't. I get stuck with
the coolness of reality.
How incredibly life is changed with the
passing time. I want to think I have not
seen so many things nor known so many
others. Let me believe someone will see
my way someday, somewhere, and we will
share the same route, and someday my sun
will shine 'cause it has a new morning.

1982

LA NOCHE

Llena de casitas de leche,

—al paso del tiempo
que fluye como miel—

bañada por gotitas de lluvia cristalina.

! QUE BELLO !

! QUE DULCE !

Soñar así,

en sueños de espuma

y subir en espirales blancos

a la estrella más lejana.

c. 1990

LA PALABRA

La palabra se hizo mundo;
entre carne y huesos resonando,
se vistió de pluralidades pensantes.
La palabra se hizo gente y pasó por mi puerta
vendiendo razones.
La palabra nació en el alma y murió en la garganta;
La palabra se hizo historia de fuego y sangre,
sudando páginas y bebiendo tiempo.

La palabra se hizo espada saltando
en pechos esclavos y vivió al abrigo
de harapos y de sacos y corbatas.
La palabra se hizo desnuda de lágrimas;
se hizo cadáver.

La palabra se hizo espacio,
se hizo tiempo y silencio,
y volvió a la tierra de los sueños
a seguir naciendo.

1991

LA VIDA PASA

La vida pasa silenciosa. Y sin ti, no tengo nada por qué luchar. Y para mí el tiempo pasa indiferente. Me saben a nada las horas que se van volando como hojas secas de otoño, solo para seguir naciendo otras bajo la rutina diaria.

Ya no quiero soñar más— ¡comprende! Solo quiero aprender a vivir contigo toda la vida; Solo quiero aprender a decirte que te quiero y si en las noches me desvelo es que todavía no sé cómo decirte que te quiero.

Pronto volará el tiempo y yo quizás quede prohibido de volver a verte; Ya no habrá palabras para ti en mis poemas— quedarán encerradas en una existencia hueca, sin entender por qué no encontraron nunca recipiente en otros oídos.

La vida pasa sin detenerse a considerar lo que ha hecho. Nos lleva atados en los brazos del tiempo y a veces no sabemos dónde encontrar consuelo para nuestra simple pena; Hasta que gritamos al cielo en noches largas y amargas, cuando nos sentimos tan solos que ni el sueño nos visita.

Pero la vida nos vence poco a poco y en sus garras quedamos atrapados sin poder luchar contra su corriente. Nos dejamos arrastrar hacia lo profundo donde nuestra esperanza muere y terminan nuestros sueños e ilusiones.

Porque esta vida duele más cuando se ama, hiere más cuando se quiere sin saberse amado.

Yo seguiré luchando sin esperanzas de conquistarte, porque no sé qué es esto que se atreve a ir en contra de la corriente. Es una fuerza incontenible, invencible. Sin razón
me hará buscarte y yo no podré resistirme porque sentiré su impulso, unas veces leve otras veces fuerte. Mientras haya vida estará siempre presente y correrá conmigo solo el camino de la desilusión. Yo seré su esclavo hasta la muerte.

c. 1983

LOS LIBROS

Los libros de mi biblioteca son mis pequeños héroes. Algunos tienen escudos, espadas y poderosas armaduras; Otros tienen gigantescas alas que lo impulsan velozmente hacia el espacio; Otros son jardines llenos de belleza, con arroyos y bosques, colinas y valles— desafiando al que mira a escribir descripciones insípidas; Otros son catedrales flotantes, queriendo alcanzar el infinito.

Mis libros son colores que juegan en el sol y las estaciones. Algunos son rojos como la sangre que luchando a muerte, corre por laberintos de tiempo y espacio; Otros son azules como el cielo y el mar; hartos de espacio y tiempo; Mis libros rosados, como las rosas y las mujeres están colmados de bellezas y también de espinas; Los libros negros quieren concentrarlo todo— lo que existe y lo que no existe, lo que se ve y lo que no se ve, encerrándolo en un porqué.

c. 1990

LOS PENSAMIENTOS

Los pensamientos pasaron sobre las
palabras como gaviotas, dejando
oraciones— Huellas en el papel del
tiempo....
....Y las palabras viajaron por ojos y
oídos abiertos, activando análogos
pensamientos.....

Si mi corazón tuviera ventanas, las
abriría de par en par para que miraras
en pijamas a mis sentimientos y vieras
cómo muere el alma en su alcoba desierta
y cómo la revive tu mirada furtiva.
Verás al cerebro embelesado, sentado a
la ventana, sorbiendo a ratos su taza de
café y luego bañándose en mi ducha de
lágrimas......

c. 1990

MI DESIERTO

Mi desierto es grande como el mar.
Mi desierto está lleno de horizontes.
Mis esperanzas van tras los horizontes
como cazando las estrellas.
Mi desierto no tiene salida, no tiene
dueño, está lleno de soledad y espacio—
soledad para mis preguntas y mis
búsquedas, espacio para mis dudas y
desesperanzas.
Mi desierto es un silencio de respuestas
y soluciones.
Mi desierto se hunde en el mar de
confusiones.

1991

MI MUNDO

Mi mundo es el que pasa por tu puerta
cuando te sientas a la orilla del silencio
a domesticar minutos con lágrimas y risas,
y a veces, esculpiendo palabras en el tiempo.

Mi mundo es el barco que navega
en el mar de las palabras,
teniendo por vela, sueños y aspiraciones.

1991

NO LLORES

No llores más corazón que no es tu culpa que se hayan roto mis modales y que de mis esperanzas queden solo cenizas.

¿Amaste mucho?...
No, pues tú no crees en amar poco o mucho. Se ama o no se ama; pero sé que amaste y no te culpo tampoco por ello. Si amaste fue porque tuviste razones y quizás porque creíste ser amado. Pero hiciste bien, pues es mejor vivir cada segundo hasta el fondo sintiendo que cada latir es sincero a los deseos del alma y a la razón del espíritu.
Quizás no hubieras sufrido si no hubieras amado, pero tampoco hubieras vivido —Hubieras latido sin sentido. Por eso late más fuerte, mi corazón, late al ritmo de una marcha de victoria, que mientras más lates más vives. Levántate y camina que no es culpa tuya mi desvelo. Eres libre aunque los recuerdos me aprisionen. Tú tienes la llave de mis prisiones. Solo camina hacia adelante, siempre adelante, aunque se vea incierto el destino, aunque tropieces con

desesperanzas. Levántate aunque caigas por mi culpa. Late, mi valiente, que la guerra no termina y la victoria es dulce.

NOSTALGIA

Nostalgia de inocencias
en magullados hombros
lleva el niño-hombre.

Su existencia, bañada con tiempos,
pregunta en sus computadoras de cuerda,
llora en cuadernos electrónicos,
y a veces ríe brevemente
(como tomando medicinas),
en sus cohetes de madera.

1990s

PURE

Pure, innocent white sheet of paper,
to you I write because you are my
faithful companion. You'll never refuse
letting the things that are in my heart
be written on you; You'll never refuse
to listen to them quietly. And with your
silence I feel you understand them. It is
just the most frank talk to exist. I
really trust in you, because you have
never failed nor disappointed me. You
have never deceived me, because you are
just a piece of paper though
insignificant to the world, but the most
valuable friend to me....

I've seen you carrying such valuable
knowledge from serious people who also
trusted in you enough to leave the world
the best that was in them— to continue
living in your pages through all
generations. Because you keep man's
thought unaltered, you are reliable and
seem to understand life...
Incredibly, you also were a part of
the living things in the wooden living
bodies of trees.
But what is to be said, what needs to be

done is still not written in every human
mind. There's still much to discover
about life itself. We are all ignorants
to the things life has always been
trying to teach us. We, misunderstanding
it all, have taken the wrong way—
neglecting ourselves from the best
things life has to offer.

But all has already been said, and we
are just going on circles repeating
ourselves as endless variations on one
same theme.

1982

¿QUÉ ES LA VIDA?

¿Qué es la vida, señor, sin ti? Es
como una gota de agua cayendo sobre una
roca de problemas y desilusiones; Es
tener la ilusión de llegar a derretir la
roca y sentir el peso de la realidad.
La vida es tan frágil como una gota de
agua insignificante que cae sin saber
por qué, ni para qué y el viento la lleva
donde le place.
Siempre seremos niños frente a la
grandeza de la existencia, frente al
misterio del amor. Por más que
pretendamos comprenderla, solo nos
engañaremos y crearemos nuestro mundo
como la mayoría. Sin pensar más lejos,
le pondremos medida a todo como si
fuéramos computadoras; Hasta el amor
tendrá números, para nosotros, porque
querremos tener una explicación
aritmética de todos los hechos de la
vida que para nosotros llegará a ser un
cuadrado; Aunque a veces sintamos en lo
más profundo del alma un grito de niño,
un inocente pensamiento o un amor sin
número. Mas ignoraremos todo lo que nos
haga niños de nuevo, todo lo que nos

haga amar hasta llorar, porque las lágrimas son también de niños. ¿Ignoraremos la inocencia y hasta la pureza por la misma razón? Porque siempre nos enseñaron a ser cuadrados y a actuar como los demás. Nunca nos cuestionamos nosotros mismos aunque sintiéramos diferente.

Para los "adultos", la vida será siempre igual- sin sorpresas. Para los "niños", la vida siempre será un misterio y una aventura donde todo es posible.

Para los primeros, la vida y todo lo que tenga que ver con ella estará basado en razones materiales y tangibles. Para los últimos, en cosas espirituales y a veces en cosas que no tienen ninguna explicación razonable. Para los primeros todo pasa y nada existe que atraiga su curiosidad y si algo no puede explicarse en números o estadísticas es porque no existe. Para los últimos, nada nunca realmente pasa, todo siempre se queda y aún las cosas que más conoce les serán curiosas porque nada en realidad llegará a tener una explicación satisfactoria nunca. Siempre habrá algo nuevo que descubrir, siempre habrá un horizonte

hacia el cual dirigirse con la ilusión
de alcanzarlo.

QUISIERA DECIR

Quisiera decir lo imposible, revivir mis sueños
de aventuras llenos y a los sabios preguntar
la pregunta incontestable.

Quisiera inventar palabras nuevas que traspasen
barreras
y murallas humanas.
Quisiera cosechar ideas que definan al mundo
la palabra humanidad.

¿Por qué se besan el dolor y la belleza?
¿Por qué se muere el amor que no se entrega?
¿Por qué entre veces nos ruboriza una mirada?
¿Por qué una historia llena de egoísmo?
¿Por qué unos pocos llenos de heroísmo?
¿Por qué una espada?
¿Por qué una rosa?
La vida es agria, la vida es dulce, todo
termina y todo comienza.

En todo cuanto conozcas habrá misterios.
Junto a ellos hallarás una parte de ti mismo.
No verás belleza sin fealdad ni fealdad sin belleza.
Si te preguntas como niño, con curiosidad ingenua,
no hallarás respuestas sin dudas.

Morirás con más misterios calladamente
musitando tus labios un porqué;
o a gritos demandando con tu sangre respuestas.

1989

SANGRE

¡ ....Sangre injertada en el éter enmohecido:
rompe el claustro del ostracismo,
deslumbra el desvelo sideral,
corre la infinita esfera,
rompe un cristal;-
tiempo acaba,
desvanece,
tiemblen,
oscuros,
mueren,
solos,
frío,
sed,
fe,
o ....!

c. 1991

TE PERDÍ

Te perdí en un instante, como si de
pronto me quedara ciego y mi lazarillo
mis lonjas de pena vendiera.
Los tasadores de corazones alabando tu
donaire, apabullantes, mi dimisión dan
por sentada. Y tus sombras dejan una
insulsez en las entrañas- cuando con
holgura te trasladas serenamente; cuando
tu perfume, llamándome, me hiere con su
música de sirenas.

1992

TÚ Y YO

Tú y yo solos, Dios mío, en el silencio
de la noche. Lléname de tu amor, el
único puro y verdadero.

No hay veneno más peligroso que el falso
amor de las mujeres.

Oh amor que no me dejarás, amigo
supremo, dame tu consuelo porque mi alma
muere de pena.

Enjuga mis lágrimas, tú que conoces mi
corazón como la palma de tu mano. Quiero
sentir tu caricia suave y apacible en la
brisa que pasa serena, quiero escuchar
tu voz en el silencio solemne que se
extiende sobre mis oídos. Sé que me
estás diciendo: Sé fuerte, esfuérzate, y
sé valiente. ¡Oh nostalgia mía de unos
días que se fueron para no volver
jamás!

c. 1982

TUS CARTAS

Tus cartas las colecciono y quizás algún día
piense exponerlas en algún museo
de cartas dulces o quizás
en el Metropolitano de Arte.
Pues no quiero ser tan egoísta y disfrutar yo solo.

Tus cartas son sencillas pero sinceras,
leerlas es como escuchar un Mozart,
lleno de perfume e inocencia.

Disfruto tanto tus palabras que
no puedo contener las sonrisas en mi rostro
y a veces temo que la gente me mire
con extrañeza en los trenes.

Tus cartas son tan dulces que a veces
parecen que vienen del cielo.
Para estar seguro, miro el remitente en el sobre.
Busco en el timbre la procedencia de tus cartas
y con ojos incrédulos leo: República Dominicana.

1990s

YO SOLO QUISE

Yo solo quise unas manos que acariciar, unos ojos que mirar, una boca que besar; Yo solo quise una mujer que amar; Y fui condenado a esta soledad.

Mientras más amé, tanto más perdí.

¡Cuántas veces maté el amor floreció más recio que una hierba mala! Cuando enfrié el corazón, el más ligero viento sus brasas atizó. Cuando al corazón sepulté en montañas cerebrales, el amor, su fuerza desbordó en furiosos volcanes; Y cuando de amor embriagado vacié la copa desbordada, derrotado lloré con angustia en insondable soledad. Cuánto más bebí de su copa creyendo saciarme para que no me hiciera falta, más vacío me sentí.

Todo lo que quise fue amar. Amar de verdad, y el mundo me miró incrédulo. Nadie devolvió la mirada de mis ojos suplicantes, nadie quiso apagar mis volcanes, nadie desvió mis pasos solitarios, nadie buscó mi nombre en su itinerario.

Amor, destiérrame si quieres a la isla

solitaria del olvido, allí junto a mis huesos fríos descansará también el corazón que quiso mimarte, los labios que quisieron nombrarte y los sueños felices que murieron sin nacer.

CODA

Poemas escritos en los años que siguieron, en los mismos dos idiomas.

Poems written in the years that followed, in the same two languages.

MAMÁ

in memoriam · 1997

Mamá ....!
't is the word my lips won't be able to pronounce
without a lump in my throat,
without my eyes getting cloudy with tears.

You were a light who lit with the same intensity for all,
with the simplicity of the purest love.
You were a brook of tenderness, peace and happiness.

And now I don't speak to you anymore
because I know you are resting in the deepest of all dreams.

Under the shadow of hope you embraced till your last breath,
in the confidence of the God that will someday raise you for ever.

I speak to the void you left in everyone's soul,
in order to fill it with roses, like a sanctuary,
like an open pulpit where God wipes away
our tears and comfort our anguished throats.

TÚ TAMBIÉN

Tú también tendrás que cruzar estos ríos;
Se cansarán tus brazos al subir la montaña;
Verás que, a pesar de todo, es el mismo sendero
de espinas y rosas, de amor y estío.

Déjame hablarte ahora por todos los amores,
por todos los que dejarás esperando en el camino.
Déjame cantarte por los que no tienen garganta,
por los que tendrás que condenar al vacío sin quererlo.

Déjame lanzar una cuerda al precipicio,
al vacío de tu ausencia irreparable,
hasta que sientas como tuyas estas letras,
hasta que oigas mi voz en las canciones de otros viajeros
que con mil serenatas te hagan conocer el sublime cristal del cielo.

ONE MORE CHANCE

Tiny little word that got us hooked on
never-ending searches in this empty gorge.

All-embracing love, save us from ourselves;
from this lifeless state, from this ruthless death.

While these empty spaces yell in our ears
unanswered questions, breaking up our hopes.

Sleepless nights ahead, tearful hearts surrendering.
The time in our hands striking twelve.

We ask forgiveness but there's no blank page
in the world of men to start the road again.

When friends are all gone and the world gets cold,
we see God in awe in the simplest things.

As we reach the end of this trodden road,
one hope is enough to carry us through.

One more chance to search the meaning of it all.
One more chance to prove we've not lived in vain.

TIEMPO

Yo la vi con mis propios ojos,
apaciblemente desenvolviendo su mirada,
(como se abre un pétalo), como una diosa
endulzando la muerte de mis días suavemente.

Y alguien pareció reírse a mis espaldas
como disfrutando de una travesura siniestra.

Todo cuanto quise, todo cuanto soñé,
lo pusieron en ese pequeño cofre a la deriva del mar
y sus destellos alumbraron los cielos de mi atardecer.

Qué cruel es verte desde aquí tan lejos.
Separado por estas murallas de tiempo,
por estos grandes precipicios.

Justo cuando creí saberlo todo,
cuando pensé haber visto todo,
una leve mirada, una tímida sonrisa,
y desafías todo mi mundo.

¡Oh!, si pudiera contener esta sed de tiempo.
¡Oh! si pudiera no beber más estas horas,
hasta que tus olas se bañen en las mías,
y tu horario transite en mi itinerario.

Y este asesino que disfruta a carcajadas de su
travesura,
también amolda tu imagen
con su mano paciente y certera,

deformando tus líneas perfectas para siempre.

LOVE AND ASHES

Perhaps I have forgotten
the ancient art of loving
and these forlorn grey moments
recount the old story.

Perhaps I have abandoned
the faculty of passion.

I have faced the summer blaze
I have felt the empty space
by absent green leaves left.

I have seen the frosted tears,
the silent spear that brought out fears,
the feeble trail of love and ashes.

CUANDO

Cuando tus cartas no lleguen a mis horas;

Cuando se me gaste el reloj de esperarte;

Cuando me canse de mis computadoras;

Cuando el espacio me cubra de insignificancia;

Cuando se muden los años para no volver;

Cuando se despidan las oraciones de mi boca;

Cuando, con abandono, mi sangre levante su bandera blanca;

Cuando tus recuerdos me lancen salvavidas;

Cuando mi pulso con tambores nuevos reanude la danza;

Cuando las canciones muevan mis labios pesados;

Cuando se aniden ensueños nuevos en mi cabeza;

Cuando se levante mi mano para ceñir la espada de la grandeza;

Cuando mis ojos vuelvan a ver tus cartas;

Cuando mi muerte haya pasado;

Solo habrá transcurrido un minuto.

A HEART

A heart is such a feeble thing
to be put on a coffin of bones and skin.

Ageless poetry in search of words!
A heart is such an innocent child
to be confined to this jail of numbers and calendars.

A heart is such a breeder of dreams to be
sentenced to this bottomless gorge.

A heart is such a lonesome adventurer
to be limited by needless needles, by useless arrows.

A heart is such a forbidden treasure!
And there is one in every friend, in every enemy.

And there is one in every hand that stretches to kill.

And there is one in every hand that stretches to save.

MÁRTIRES

Ya se fueron los mártires.
Solo quedan mercaderes vendiendo palabras
y actos de malabarismos.

Se han ido los valientes
que lucharon sin oro en las manos;

Los que se atrevieron a lanzar cuerdas al abismo
para salvar a sus hermanos;

Los que fueron fusilados por pelotones
sedientos de sacos y maletines.

Les quemaron las palabras en las lámparas.
Hoy los hombres han llorado sin saber por qué;
Y en su silencio hay un vacío
que los persigue, que los asfixia a diario
en sus carreras de corbatas.

www.ingramcontent.com/pod-product-compliance
Lightning Source LLC
LaVergne TN
LVHW090530110826
845146LV00003B/1044
* 9 7 9 8 9 9 6 0 1 3 2 1 0 *